Meine besten Backrezepte

Backvergnügen nur für Sie

Backen macht Freude. Selbstgebackenes hat immer Konjunktur, und es gibt kaum jemanden, der einen Kuchen aus dem eigenen Ofen nicht den gekauften Produkten vorzieht. Wenn so ein Kuchen frisch aus dem Ofen kommt, duftend und appetitlich braun, ist das ein großer Moment. Der ganzen Familie läuft dann das Wasser im Munde zusammen.

Wann backen Sie am liebsten?

Am meisten wird, das zeigen alle Umfragen, in der Vorweihnachtszeit gebacken. Selbst die größten Backofen-Muffel raffen sich dann auf, um wenigstens ein paar Plätzchen für den bunten Teller zu kreieren. Aber wer einmal so richtig mit dem Backen angefangen hat, kann das ganze Jahr über nicht mehr davon lassen.

Torten für Familienfeste

Eine selbstgebackene Geburtstagstorte ist das schönste Geschenk, das sie einem Geburtstagskind machen können. Mehr als alle guten Wünsche zeigt sie: »Ich habe an dich gedacht und mir überlegt, was dir am besten schmeckt.« Probieren Sie's aus!

Feines aus der Form

Und wer kein so großer Torten-Fan ist, freut sich über die klassischen Kuchen aus der Form. Marmorkuchen, Zitronenkuchen, Schokoladenkuchen – da werden Erinnerungen an Kindheitserlebnisse wach ...

Blechkuchen für alle Gelegenheiten

Dann gibt es da die stillen Genießer, die Sie mit nichts so glücklich machen können wie mit einem schlichten, einfachen Kuchen vom Blech. Wenn der Butterkuchen oder der Streuselkuchen aus dem Ofen kommt, stehen diese Zeitgenossen mit listigem Blick in der Küchentür, bereit, sofort zuzugreifen, sobald man sich an ihrem Lieblingsgebäck nicht mehr die Finger verbrennt.

Brot und Brötchen

Die meisten von uns können sich einen Tag ohne Brot überhaupt nicht vorstellen. Und was früher gang und gäbe war, ist inzwischen still und heimlich wieder sehr in Mode gekommen: Brot selbst zu backen. Da kursieren die feinsten Rezepte im Familien- und Freundeskreis, und wenn bei einem Fest selbstgebackene Partybrötchen herumgereicht werden, ist die Begeisterung groß.

Herzhaftes vom Blech und aus der Form

Pizza, Quiche, Flammkuchen, Zwiebelkuchen: Hier sind die kräftigen Genüsse gefragt, und hier laufen ganz plötzlich die Herren der Schöpfung zu großer Bäcker-Form auf. Während sie bei den süßen Kuchen den Damen kampflos die Küche überlassen und sich mehr am Tisch durch kräftiges Zulangen hervortun, sind sie bei den salzigen Bäckereien in ihrem Element. So eine Zwiebelkuchen-Schlemmerei mit neuem Wein ist ja auch etwas Wunderbares!

Wie Sie dieses Buch benutzen

In diesem Buch können Sie alle Ihre Lieblingsrezepte, die bisher auf losen Zetteln, Karteikarten oder verstreut in den verschiedensten Backbüchern ein trauriges Dasein fristeten, endlich schön gesammelt aufschreiben und für Ihre tägliche Bäckerei ebenso bewahren wie für kommende Generationen und neugierige Rezeptjägerinnen und -jäger aus Ihrem Familien- oder Freundeskreis. Wir haben Ihnen die wichtigsten Kategorien vorgegeben, damit Sie das richtige Rezept stets ohne langes Suchen wiederfinden.

Guter Rat für Ihre Backstube

Auf den nächsten Seiten jedoch sind erst einmal die wichtigsten Grundteige und wertvolle Tipps für Ihre Backstube aufgezeichnet. Für alle Ihre Bäckereien gutes Gelingen wünscht Ihnen

Ihre
Ulrike Strerath-Bolz

Die wichtigsten Grundteige

Wie auf fast jedem Gebiet des Kochens gibt es auch für die heimische Bäckerei Grundrezepte, die sich auf tausend und eine Weise abwandeln und immer wieder neu entdecken lassen. Die wichtigsten von ihnen finden Sie hier.

Keine Angst vor Hefeteig!

Hefeteig macht vielen Backbegeisterten ein wenig Angst. Er steht im Ruf, besonders empfindlich und heikel zu sein und leicht zu misslingen. Dabei ist eigentlich alles ganz einfach, wenn man ein paar wichtige Regeln beachtet und genug Zeit mitbringt.

Die Zutaten

Für einen klassischen Hefeteig brauchen Sie: 500 g Mehl, 30 g Hefe oder 1 Päckchen Trockenhefe, 60 g Zucker, $1/4$ l lauwarme Milch, 60 g Butter, 1 Ei und 1 Prise Salz. Alle Zutaten sollten Zimmertemperatur haben.

Die Zubereitung

① Das Mehl in eine Schüssel sieben, in die Mitte eine Vertiefung drücken, die Hefe hineinbröckeln und mit etwas Zucker, der Milch und etwas Mehl zu einem Vorteig verrühren. Diesen Vorteig mit Mehl bestreuen und mindestens 15 Minuten an einem warmen Ort gehen lassen. Die Oberfläche des Vorteiges sollte Risse zeigen.
② Den restlichen Zucker, Butter, Ei und Salz dazugeben und mit dem gesamten Mehl und dem Vorteig verrühren. Den Teig kneten und schlagen, bis er Blasen wirft und sich leicht vom Rand der Schüssel löst. Zu einer Kugel formen und noch einmal 15 Minuten gehen lassen. Der Teig sollte deutlich an Umfang zunehmen.
③ Das Gebäck formen, mit einem Küchentuch bedecken und nochmals 15 Minuten gehen lassen. Den Backofen während dieser Zeit auf etwa 200° C vorheizen.
④ Den Kuchen je nach Rezept fertig verarbeiten und dann auf der mittleren Schiene des Backofens ca. 30 Minuten backen (bei der

Backzeit sollten Sie nach dem Rezept verfahren oder den Kuchen sehr genau beobachten).

Der Mürbeteig

Liebt es der Hefeteig warm, so braucht der Mürbeteig eine kühle Umgebung, um gut zu gedeihen. Aber auch hier gilt: Bringen Sie genügend Zeit mit! Und vergessen Sie alle elektrischen Küchenhelfer: Zum Verkneten von Mürbeteig brauchen Sie Ihre Hände und weiter nichts. Auch das Auslegen einer Tarte-Form machen Sie am besten mit der Hand: Mürbeteig lässt sich schlecht ausrollen.
Mürbeteig brauchen Sie in der süßen Variante für viele Plätzchensorten, für flache Obst-Tartes und -böden. Salzig ist er die Grundlage für die Quiche, für Käsegebäck und allerlei Pasteten. Bei manchen Rezepten müssen Sie ihn vorbacken, bevor die Füllung hineinkommt. Diesen Vorgang nennt man Blindbacken, und am besten gelingt er, wenn Sie den Teig mit Backpapier bedecken und dann getrocknete Hülsenfrüchte darauf geben.

Die Zutaten

Das Mischungsverhältnis für Mürbeteig ist im Prinzip immer gleich: ein Teil Zucker, zwei Teile Fett, drei Teile Mehl. Eier oder Flüssigkeit sind nicht unbedingt erforderlich. Sie brauchen: 100 g Zucker, 200 g Butter oder Margarine, 300 g Mehl. Bei salzigem Mürbeteig ersetzen Sie den Zucker durch ½ Teelöffel Salz. Wichtig ist, dass Sie die kalte Butter oder Margarine in kleinen Stücken zugeben.

Die Zubereitung

① Zucker und Mehl mischen, das Fett ganz kalt in kleinen Stücken darauf geben.
② Alle Zutaten schnell zu einem glatten Teig verkneten.
③ Den Teig zu einer Kugel formen, diese in Alufolie einwickeln und für mindestens eine Stunde im Kühlschrank ruhen lassen. Diese Ruhezeit ist unumgänglich, denn der Teig entwickelt während dieser Zeit sein Klebereiweiß. Wenn Sie die Ruhezeit weglassen, wird der Teig nach dem Backen unweigerlich zu Bröseln zerfallen.

④ Den Backofen auf etwa 200° C vorheizen und nach der Angabe im Rezept backen. Der Teig muss schön goldbraun sein.

Der Rührteig

Für fast alle Kuchen aus der Form wird der Rührteig benötigt. Er hat seinen Namen aus der Zeit, als den Hausfrauen noch keine elektrischen Küchenhelfer zur Verfügung standen. Da musste dieser Teig nämlich von Hand ausdauernd (und immer in einer Richtung) gerührt werden. Heute haben wir es etwas leichter, aber ausdauernd gerührt werden will dieser Teig noch immer. Wenn sich die Zutaten gründlich verbunden haben, gelingt er am besten. Das Geheimnis des guten Gelingens liegt in der richtigen Reihenfolge.

Die Zutaten

Die Grundbestandteile eines Rührteigs sind Fett (vorzugsweise Butter), Zucker, Eier und Mehl. Wenn der Teig relativ viel Mehl enthält, wird ihm Backpulver zugesetzt, damit er besser aufgeht. Sie brauchen: 250 g Butter oder Margarine, 250 g Zucker, 4 Eier der Größe M (je etwa 65 Gramm), 300 g Mehl und 200 g Speisestärke (oder 500 g Mehl) sowie ein Päckchen Backpulver, 1/2 Tasse Milch, 1 Päckchen Vanillezucker, 1 Prise Salz.

Die Zubereitung

① Zuerst mit dem Handrührgerät die Butter schaumig rühren. Sie sollte Zimmertemperatur haben. Dann den Zucker langsam zufügen und so lange weiterrühren, bis er sich vollkommen aufgelöst hat (dann knirscht nichts mehr). Danach einzeln die Eier dazugeben und weiterrühren.
② Das Mehl und eventuell die Speisestärke mit dem Backpulver vermischen und durchsieben. Mit einem Rührlöffel das gesiebte Mehl unter die Eier-Butter-Zucker-Masse rühren.
③ Der Teig hat die richtige Konsistenz, wenn er geschmeidig ist und in langen Zapfen vom Löffel fällt. Wenn er zu fest ist, geben Sie in kleinen Mengen die Milch dazu. Ganz zum Schluss können Sie die anderen Zutaten (z. B. Aromastoffe, Kakao) dazugeben.

Der Biskuitteig

Unsere zartesten, lockersten Kuchen sind aus Biskuitteig gemacht. Er wird in zahlreichen Variationen für die verschiedensten Bäckereien verwendet, mit und ohne Backpulver, mit Stärkemehl und manchmal sogar ganz ohne Mehl. Wichtig ist hier eine zügige Arbeitsweise, bei der Sie nicht zu lange und nicht zu kräftig rühren sollten, damit der zarte, schaumige Charakter des Teigs nicht verloren geht.

Die Zutaten

Für einen einfachen Biskuitboden, der ohne Backpulver zubereitet wird, brauchen Sie: 6 Eier, 180 g feiner Zucker, 1 Päckchen Vanillezucker, 120 g Mehl und 80 g Speisestärke (oder insgesamt 200 g Mehl, aber dann wird der Teig nicht so schön locker).

Die Zubereitung

① Die Eier trennen, die Eiweiße unbedingt in eine fettfreie Schüssel geben. Die Eigelbe mit etwa der Hälfte des Zuckers und dem Vanillezucker in einer großen Schüssel schaumig rühren, bis sich der Zucker gut aufgelöst hat.

② Die Eiweiße mit einem frischen oder ganz gründlich gespülten Rührbesen des Handrührgeräts (er muss fettfrei sein, sonst wird das Eiweiß nicht steif) zu Eischnee schlagen. Solange der Eischnee noch einigermaßen weich ist, den restlichen Zucker dazugeben und dann so lange weiterschlagen, bis der Eischnee ganz steif und schnittfest ist.

③ Den Eischnee wie einen Berg auf die Eigelb-Zucker-Masse häufen und mit einem Kochlöffel oder Schneebesen (aber niemals mit dem elektrischen Handrührgerät) locker unterheben.

④ Das Mehl und die Speisestärke über die Masse sieben und ebenfalls mit dem Rührlöffel unterheben. Wenn Sie dazu das Handrührgerät verwenden, fällt der Teig zusammen.

⑤ Den Teig in die Form oder aufs Blech geben, glattstreichen und auf der mittleren Schiene des Backofens ca. 30 Minuten backen. Dabei während der ersten 15 Minuten auf keinen Fall den Backofen öffnen, weil der Teig sonst zusammenfällt.

Brandteig

Ganz zu Unrecht wagen sich viele Hobby-Bäckerinnen und -Bäcker an den Brandteig nicht heran. Der zuckerfreie, vielseitig einsetzbare Teig ist lange nicht so kompliziert und »störanfällig«, wie man gemeinhin glaubt.

Seinen Namen hat der Brandteig von der besonderen Zubereitungsweise: Er wird heiß im Kochtopf »gebrannt«. Sie brauchen ihn für den Windbeutel und dessen zahlreiche Verwandtschaft. Achten Sie darauf, dass Sie die einzelnen Stücke auf dem Backblech mit einigem Abstand platzieren – der Teig geht sehr stark auf.

Die Zutaten

Für das vielseitig verwendbare Grundrezept des Brandteiges brauchen Sie: ¼ l Wasser, 60 g Butter oder Margarine, 1 Prise Salz, 200 g Mehl, 4 Eier

Die Zubereitung

① Das Wasser mit Butter und Salz in einem Kochtopf zum Kochen bringen. Das Mehl in eine Schüssel sieben.

② Das gesiebte Mehl auf einmal in das kochende Wasser schütten und unter kräftigem Rühren so lange kochen lassen, bis sich ein dicker Teigkloß gebildet hat, der sich vom Topfboden löst. Wenn Sie alles richtig gemacht haben, bleibt auf dem Topfboden nur ein dünner, weißer Belag übrig.

③ Den Teigkloß sofort in eine Schüssel geben und etwas abkühlen lassen. Die Eier einzeln unter den Teig rühren, wobei Sie darauf achten sollten, dass jedes Ei sich vollständig mit dem Teig verbunden hat, bevor Sie das nächste zugeben.

④ Der Teig ist fertig, wenn er schwer vom Löffel fällt und dabei weich und glänzend ist. Er wird mit einem Spritzbeutel in der gewünschten Form aufs Backblech gespritzt, wobei das Backblech auf keinen Fall gefettet oder mit Mehl bestäubt sein darf.

⑤ Bei 230° C ca. 15–20 Minuten backen. Während der ersten 10 Minuten darf der Backofen auf keinen Fall geöffnet werden. Brandteiggebäck, das gefüllt werden soll, sollten Sie aufschneiden, solange es noch lauwarm ist.

Mein Pizzateig

Grundsätzlich ist natürlich jeder Pizzateig nichts anderes als ein salziger Hefeteig. Da aber die meisten Genießer gar nicht so viel Wert auf einen dicken lockeren Teig unter ihrer Pizza legen, sondern es lieber schön dünn und knusprig haben, müssen Sie ein wenig anders vorgehen als beim normalen Hefeteig – vorausgesetzt, Sie haben die gleiche Vorliebe für knusprigen Pizzateig. Nebenbei hat dieses einfache Rezept auch den Vorteil, ziemlich schnell zubereitet zu sein. Der »Spontanpizza« steht damit nichts mehr im Wege.

Die Zutaten

Für ein Backblech voll feiner, knuspriger Pizza brauchen Sie:
300 g Mehl, 1 Päckchen Trockenhefe, 1 Teelöffel Salz, 1 Prise Zucker, 1 Tasse Buttermilch, 6 Esslöffel Olivenöl

Die Zubereitung

① Geben Sie alle Zutaten in eine große Schüssel, und verkneten Sie alles zusammen mit der Hand oder mit dem Knethaken des Handrührgeräts.

② Stäuben Sie etwas Mehl über den Teig, und lassen Sie ihn an einem warmen Ort etwa 15–20 Minuten gehen. Er sollte an Volumen deutlich zunehmen. Wenn Sie eine Plastikschüssel mit fest schließendem Plastikdeckel verwenden, hören Sie, wann Ihr Teig genug gegangen ist: Dann »ploppt« nämlich der Deckel von der Schüssel.

③ Kneten Sie mit bemehlten Händen den Teig noch einmal kräftig durch. Eventuell müssen Sie noch etwas Mehl unterkneten, damit er so richtig schön fest und geschmeidig ist. Heizen Sie den Backofen vor, und zwar mit der größten Hitze, die er hergibt (kein Grill, keine Umluft!).

④ Rollen Sie den Teig mit dem Nudelholz aus, und legen Sie ihn auf das Backblech (am besten legen Sie Backpapier darunter). Belegen Sie Ihre Pizza nach Wunsch, und schieben Sie sie auf der untersten Schiene in Ihren Backofen.

⑤ Beobachten Sie Ihre Pizza, nach einer Viertelstunde ist sie meistens schon schön gebräunt, und der Käse ist geschmolzen. Dann sollten Sie sie aus dem Ofen nehmen und heiß genießen.

Tipps aus der Backstube

👨‍🍳 Rezepte, die für ein Backblech berechnet sind, können Sie auch als kleinere Portion in der Springform backen, wenn Sie sämtliche Mengenangaben halbieren.

👨‍🍳 Ihre Teigschüssel verrutscht oder »tanzt« beim Rühren? Stellen Sie sie auf ein feuchtes Geschirrtuch, dann hat sie dazu keine Gelegenheit mehr.

👨‍🍳 Abgekühlte Rührkuchen können Sie einmal oder zweimal quer durchschneiden und wie einen Tortenboden füllen. Das bekannteste Beispiel für diese Methode ist der Frankfurter Kranz.

👨‍🍳 Blätterteig kaufen Sie am einfachsten (und relativ preiswert) fertig aus der Kühltheke oder als Tiefkühlware. Wenn Sie ihn verarbeiten, lassen Sie die einzelnen Teigplatten ein wenig antauen, bevor Sie sie ausrollen. Den Teig immer in beide Richtungen, also längs und quer, ausrollen – und niemals kneten, sonst geht er nicht mehr auf.

👨‍🍳 Gebäck aus Brandteig, z. B. Windbeutel oder Eclairs, kann man gut aufbewahren, wenn man die fertig gebackenen Stücke noch warm einfriert. Vor dem Verwenden kurz antauen lassen und im Ofen aufbacken.

👨‍🍳 Wenn Sie für ein Kuchenrezept Eischnee brauchen (das ist vor allem beim Biskuit der Fall), achten Sie darauf, das dieser wirklich absolut steif und schnittfest ist. Dazu muss alles, was mit dem Eiweiß in Berührung kommt (Schüssel, Rührbesen des Handrührgeräts usw.) unbedingt ganz fettfrei sein. Auch Eigelb enthält Fett, beim Trennen der Eier beginnt die Vorsicht.

👨‍🍳 Ihre Weihnachtsplätzchen sind allzu hart geworden? Legen Sie sie in eine Blechdose, und geben Sie einen geschälten Apfel dazu. Am nächsten Tag den Apfel wieder entfernen – die Plätzchen sollten jetzt wieder wunderbar weich sein.

Aus der Form

Zutaten

Zubereitung

 Zeit   Backtemperatur

 Lieblingsgebäck von

 Bemerkungen

Aus der Form

 Zutaten   Zubereitung

 Zeit   Backtemperatur

Lieblingsgebäck von

Bemerkungen

Zutaten   Zubereitung

 Zeit   Backtemperatur

 Lieblingsgebäck von

 Bemerkungen

Aus der Form

 Zutaten   Zubereitung

 Zeit   Backtemperatur

 Lieblingsgebäck von

 Bemerkungen

Zutaten

Zubereitung

Zeit

Backtemperatur

Lieblingsgebäck von

Bemerkungen

Aus der Form

 Zutaten   Zubereitung

 Zeit   Backtemperatur

 Lieblingsgebäck von

 Bemerkungen

🔖 Zutaten   🥣 Zubereitung

⏳ Zeit   📏 Backtemperatur

🎀 Lieblingsgebäck von

🖌 Bemerkungen

Aus der Form

Zutaten Zubereitung

Zeit Backtemperatur
Lieblingsgebäck von
Bemerkungen

Zutaten **Zubereitung**

Zeit **Backtemperatur**

Lieblingsgebäck von

Bemerkungen

Aus der Form

🥄 Zutaten   🥣 Zubereitung

⏳ Zeit   📏 Backtemperatur

❤️ Lieblingsgebäck von

🖊 Bemerkungen

Zutaten **Zubereitung**

Zeit **Backtemperatur**

Lieblingsgebäck von

Bemerkungen

Aus der Form

🥄 **Zutaten**   🥣 **Zubereitung**

⏳ **Zeit**   📏 **Backtemperatur**

❤️ **Lieblingsgebäck von**

🔑 **Bemerkungen**

Zutaten

Zubereitung

Zeit

Backtemperatur

Lieblingsgebäck von

Bemerkungen

Aus der Form

Zutaten

Zubereitung

Zeit

Backtemperatur

Lieblingsgebäck von

Bemerkungen

Zutaten

Zubereitung

Zeit

Backtemperatur

Lieblingsgebäck von

Bemerkungen

Aus der Form

Zutaten   Zubereitung

Zeit   Backtemperatur

Lieblingsgebäck von

Bemerkungen

Zutaten **Zubereitung**

Zeit **Backtemperatur**

Lieblingsgebäck von

Bemerkungen

Vom Blech

Zutaten

Zubereitung

Zeit

Backtemperatur

Lieblingsgebäck von

Bemerkungen

Zutaten   Zubereitung

Vom Blech

Zeit   Backtemperatur

Lieblingsgebäck von

Bemerkungen

Zutaten   **Zubereitung**

Zeit   **Backtemperatur**

Lieblingsgebäck von

Bemerkungen

Zutaten

Zubereitung

Vom Blech

Zeit

Backtemperatur

Lieblingsgebäck von

Bemerkungen

Zutaten   **Zubereitung**

Zeit   **Backtemperatur**

Lieblingsgebäck von

Bemerkungen

Zutaten **Zubereitung**

Vom Blech

Zeit   **Backtemperatur**

Lieblingsgebäck von

Bemerkungen

Zutaten

Zubereitung

Zeit Backtemperatur

Lieblingsgebäck von

Bemerkungen

Zutaten   Zubereitung

Vom Blech

Zeit   Backtemperatur

Lieblingsgebäck von

Bemerkungen

Zutaten Zubereitung

Zeit Backtemperatur

Lieblingsgebäck von

Bemerkungen

Zutaten

Zubereitung

Vom Blech

Zeit Backtemperatur

Lieblingsgebäck von

Bemerkungen

Zutaten

Zubereitung

Zeit

Backtemperatur

Lieblingsgebäck von

Bemerkungen

Zutaten

Zubereitung

Vom Blech

Zeit

Backtemperatur

Lieblingsgebäck von

Bemerkungen

Zutaten Zubereitung

Zeit **Backtemperatur**

Lieblingsgebäck von

Bemerkungen

Zutaten

Zubereitung

Vom Blech

Zeit

Backtemperatur

Lieblingsgebäck von

Bemerkungen

Zutaten   **Zubereitung**

Zeit   **Backtemperatur**

Lieblingsgebäck von

Bemerkungen

Zutaten   Zubereitung

Vom Blech

Zeit   Backtemperatur

Lieblingsgebäck von

Bemerkungen

Zutaten

Zubereitung

Zeit

Backtemperatur

Lieblingsgebäck von

Bemerkungen

Torten

Zutaten

Zubereitung

Zeit

Backtemperatur

Lieblingsgebäck von

Bemerkungen

Zutaten

Zubereitung

Torten

Zeit

Backtemperatur

Lieblingsgebäck von

Bemerkungen

Zutaten **Zubereitung**

Zeit **Backtemperatur**

Lieblingsgebäck von

Bemerkungen

Zutaten Zubereitung

Torten

Zeit   Backtemperatur

Lieblingsgebäck von

Bemerkungen

Zutaten   **Zubereitung**

Zeit   **Backtemperatur**

Lieblingsgebäck von

Bemerkungen

Zutaten **Zubereitung**

Torten

Zeit **Backtemperatur**
Lieblingsgebäck von
Bemerkungen

Zutaten **Zubereitung**

Zeit **Backtemperatur**

Lieblingsgebäck von

Bemerkungen

Zutaten **Zubereitung**

Torten

Zeit **Backtemperatur**

Lieblingsgebäck von

Bemerkungen

Zutaten

Zubereitung

Zeit

Backtemperatur

Lieblingsgebäck von

Bemerkungen

Zutaten   Zubereitung

Zeit   Backtemperatur

Lieblingsgebäck von

Bemerkungen

Torten

Zutaten

Zubereitung

Zeit

Backtemperatur

Lieblingsgebäck von

Bemerkungen

Zutaten

Zubereitung

Torten

Zeit

Backtemperatur

Lieblingsgebäck von

Bemerkungen

Zutaten

Zubereitung

Zeit

Backtemperatur

Lieblingsgebäck von

Bemerkungen

Zutaten Zubereitung

Torten

Zeit Backtemperatur
Lieblingsgebäck von
Bemerkungen

Zutaten

Zubereitung

Zeit

Backtemperatur

Lieblingsgebäck von

Bemerkungen

Zutaten

Zubereitung

Zeit **Backtemperatur**

Lieblingsgebäck von

Bemerkungen

Torten

Zutaten **Zubereitung**

Zeit **Backtemperatur**

Lieblingsgebäck von

Bemerkungen

Plätzchen

Zutaten

Zubereitung

Zeit

Backtemperatur

Lieblingsgebäck von

Bemerkungen

Zutaten

Zubereitung

Plätzchen

Zeit

Backtemperatur

Lieblingsgebäck von

Bemerkungen

Zutaten   **Zubereitung**

Zeit   **Backtemperatur**

Lieblingsgebäck von

Bemerkungen

Zutaten

Zubereitung

Plätzchen

Zeit

Backtemperatur

Lieblingsgebäck von

Bemerkungen

Zutaten **Zubereitung**

Zeit **Backtemperatur**

Lieblingsgebäck von

Bemerkungen

Zutaten

Zubereitung

Zeit

Backtemperatur

Lieblingsgebäck von

Bemerkungen

Plätzchen

Zutaten   **Zubereitung**

Zeit   **Backtemperatur**

Lieblingsgebäck von

Bemerkungen

Zutaten **Zubereitung**

Zeit **Backtemperatur**

Lieblingsgebäck von

Bemerkungen

Plätzchen

Zutaten

Zubereitung

Zeit

Backtemperatur

Lieblingsgebäck von

Bemerkungen

Brot & Brötchen

Zutaten **Zubereitung**

Zeit **Backtemperatur**

Lieblingsgebäck von

Bemerkungen

Zutaten **Zubereitung**

Zeit **Backtemperatur**

Lieblingsgebäck von

Bemerkungen

Brot & Brötchen

Zutaten

Zubereitung

Zeit

Backtemperatur

Lieblingsgebäck von

Bemerkungen

Zutaten

Zubereitung

Brot & Brötchen

Zeit
Backtemperatur
Lieblingsgebäck von
Bemerkungen

Zutaten

Zubereitung

Zeit

Backtemperatur

Lieblingsgebäck von

Bemerkungen

Zutaten

Zubereitung

Zeit

Backtemperatur

Lieblingsgebäck von

Bemerkungen

Brot & Brötchen

Zutaten **Zubereitung**

Zeit **Backtemperatur**

Lieblingsgebäck von

Bemerkungen

Zutaten · Zubereitung

Zeit · Backtemperatur
Lieblingsgebäck von
Bemerkungen

Brot & Brötchen

Zutaten　　　Zubereitung

Zeit　　　**Backtemperatur**

Lieblingsgebäck von

Bemerkungen

Pizza & Co.

Zutaten

Zubereitung

Zeit

Backtemperatur

Lieblingsgebäck von

Bemerkungen

Zutaten

Zubereitung

Zeit

Backtemperatur

Lieblingsgebäck von

Bemerkungen

Pizza & Co.

Zutaten

Zubereitung

Zeit

Backtemperatur

Lieblingsgebäck von

Bemerkungen

Zutaten

Zubereitung

Zeit

Backtemperatur

Lieblingsgebäck von

Bemerkungen

Pizza & Co.

Zutaten   Zubereitung

Zeit **Backtemperatur**

Lieblingsgebäck von

Bemerkungen

Zutaten

Zubereitung

Zeit

Backtemperatur

Lieblingsgebäck von

Bemerkungen

Pizza & Co.

Zutaten

Zubereitung

Zeit

Backtemperatur

Lieblingsgebäck von

Bemerkungen

Zutaten

Zubereitung

Zeit

Backtemperatur

Lieblingsgebäck von

Bemerkungen

Pizza & Co.

Zutaten

Zubereitung

Zeit

Backtemperatur

Lieblingsgebäck von

Bemerkungen

Zutaten Zubereitung

Zeit **Backtemperatur**

Lieblingsgebäck von

Bemerkungen

Pizza & Co.

Über dieses Buch

Haftungsausschluss
Die Inhalte dieses Buches sind sorgfältig recherchiert und erarbeitet worden. Dennoch kann weder die Autorin noch der Verlag für die Angaben in diesem Buch eine Haftung übernehmen.

Impressum
Es ist nicht gestattet, Abbildungen und Texte dieses Buches zu digitalisieren, auf PCs oder CDs zu speichern oder auf PCs/Computern zu verändern oder einzeln oder zusammen mit anderen Bildvorlagen/Texten zu manipulieren, es sei denn mit schriftlicher Genehmigung des Verlages.

Weltbild Buchverlag
-Originalausgaben-
© 2003 Verlagsgruppe Weltbild GmbH, Steinerne Furt 67, 86167 Augsburg
Alle Rechte vorbehalten

Umschlaggestaltung: X-Design, München
Illustrationen: Beate Brömse
DTP/Satz: Lydia Koch, Augsburg
Reproduktion: P.O.M., Augsburg
Druck und Bindung: GGP Media GmbH, Karl-Marx-Straße 24, 07381 Pößneck
Gedruckt auf chlorfrei gebleichtem Papier

Printed in Germany

ISBN 3-89604-869-4